DISCARDED
From Nashville Public Library

ISBN : 2 227 709 25-1
© Bayard Éditions Jeunesse, 2001
Illustration : Danièle Bour - Réalisation : Martin Bour
Texte : Marie Aubinais
Conception visuelle : Michèle Isvy
Imprimé en Belgique
Dépôt légal : octobre 2001
Loi 49-956 du 16 juillet 1949 sur les publications destinées à la jeunesse

Danièle Bour · Marie Aubinais

Les Quatre Saisons de Petit Ours Brun

BAYARD JEUNESSE

C'est l'automne !

En automne, parfois, il pleut. Que fait Petit Ours Brun ?

Il joue dans les flaques avec Petit Ours Gris.

En automne, la forêt est belle.

Petit Ours Brun se promène avec son papa et sa maman.

En automne, dans la forêt, on peut voir tout cela.

Il fait une bataille de boules de neige avec son papa.

En hiver, dans le jardin de Petit Ours Brun, on voit cela.

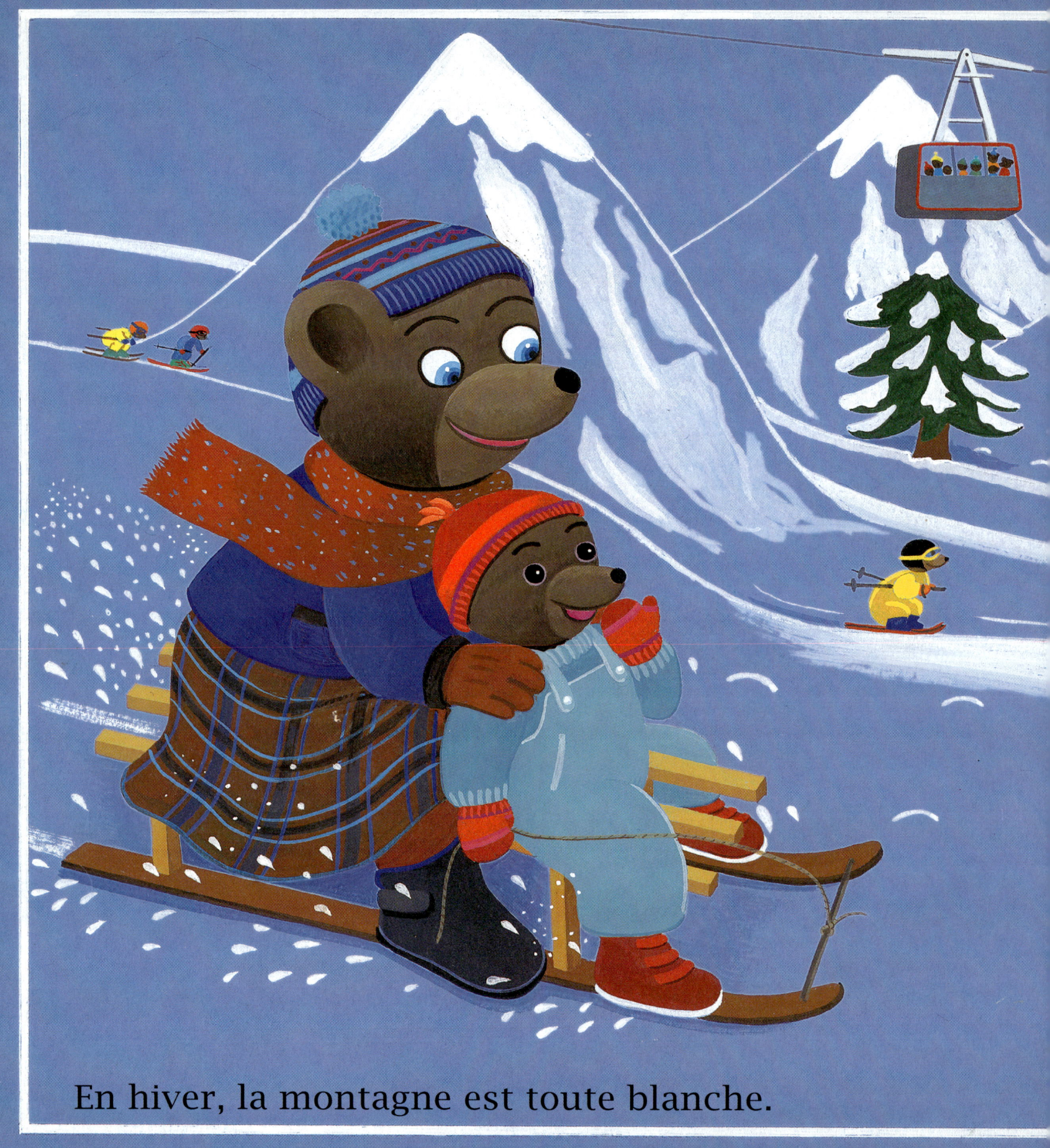

En hiver, la montagne est toute blanche.

Petit Ours Brun fait de la luge avec sa maman.

En hiver, à la montagne, on peut voir tout cela.

C'est le printemps

Au printemps, il fait bon. Que fait Petit Ours Brun ?

Il joue avec son tracteur devant la maison.

Au printemps, dans le jardin de Petit Ours Brun, on voit cel

Au printemps, la campagne est en fleurs.

Petit Ours Brun offre un bouquet à sa maman.

Au printemps, à la campagne, on peut voir tout cela.

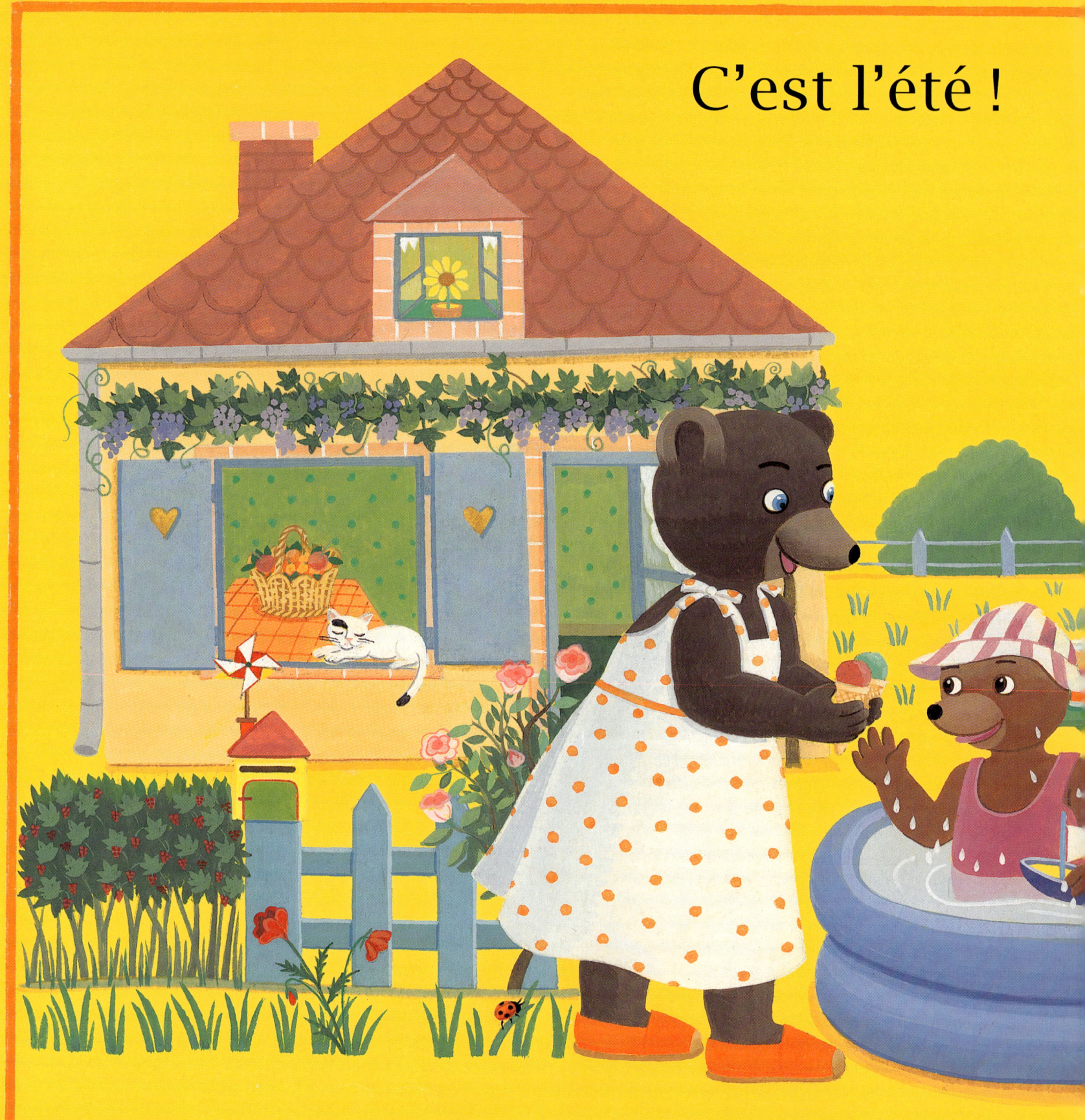

C'est l'été !

En été, il fait chaud. Que fait Petit Ours Brun ?

Il s'amuse dans la piscine avec Petite Ourse Rousse.

En été, dans le jardin de Petit Ours Brun, on voit cela.

En été, on se rafraîchit au bord de la mer.

Petit Ours Brun fait un château de sable avec son papa.

En été, au bord de la mer, on peut voir tout cela.